CHARLES IV.

CHARLES IV.

a Sua Excellencia
o Senhor Marque[s]
de Marialva!
Offerecido pello au[tor]
Candido d'Alme[ida]

proprietario editor da gaz[eta]
da provincia da Flandres
dental. a Bruges.
rue vieux-bourg. N

CHARLES IV.

SES MALHEURS

ET SES DROITS.

BRUGES,

De l'Imprimerie du Journal de la Flandre Occidentale.

M. D. CCC. XVIII.

AUX SOUVERAINS ALLIÉS.

MONARQUES AUGUSTES,

Sous les auspices et par la volonté du Roi des Rois, du suprême arbitre de l'univers, vous voilà réunis pour régler les destinées du monde. Sur votre sagesse reposent les espérances de toutes les nations ; la cause du genre humain vous est confiée ; dépositaires de ses intérêts une recompense éclatante ou une responsabilité énorme, vous attend devant lui et devant l'être juste par excellence, qui juge même les actions des Rois. Déjà, des lieux les plus reculés de la terre tous les regards sont tournés vers ce point où doit présider la justice : tous les esprits sont agités, celui du méchant par la crainte, celui de l'opprimé par l'espérance de la réparation de ses maux. Les êtres souffrans vous invoquent et, c'est à leur voix plaintive que je joins moi-même mon humble voix, non toute fois pour mon intérêt propre, mais dans l'espoir d'attirer votre attention auguste sur le sort d'un roi digne, par ses ver-

tus et ses infortunes, du noble appui de votre impartiale équité. Les faits que je raconte sont incontestables; s'ils ne l'étaient pas, je n'aurais point l'audace de vous les exposer. Peut-être étonnerez-vous la génération présente par un grand exemple, et donnerez-vous à la postérité une sublime leçon!

CANDIDO D'ALMEIDA Y SANDOVAL.

Ex-écuyer de S. M. C. le Roi Charles IV.

CHARLES IV.

SES MALHEURS ET SES DROITS.

Qu'on ne s'attende point à me voir écrire en homme à parti ; aucune raison ne pourrait m'y obliger : étranger à la révolte d'Aranjuez, quoique placé au centre et agissant contre le parti révolutionnaire (1), je cède aujourd'hui au cri de ma conscience et, en historien fidèle, je rapporterai d'une manière simple, mais précise, les faits tels qu'ils se sont passés, faits dont plus de vingt mille personnes ont été, comme moi, les témoins oculaires, et que toutes se feraient au besoin un saint devoir d'attester.

Sans remonter à des considérations trop antérieures, je fixerai le commencement de ma narration à l'époque de l'entrée des Français en Espagne.

Les armées françaises, après avoir franchi les Pyrenées en 1808, et occupé les places frontières, envahirent le territoire Espagnol : Madrid fut dès lors menacée par plusieurs colonnes qui sur différentes directions se portaient toutes vers cette capitale, ainsi que sur Aranjuez.

---

(1) Il y avait six mois que j'étais arrivé à Madrid et six semaines seulement que le prince de la Paix m'avait présenté à la cour.

Pendant que les Espagnols, tranquilles, contemplaient d'un œil défiant, cette irruption qui couvrait leur pays d'armées étrangères, la France préparait la chûte de son plus fidèle allié ; les ministres de Charles IV trahissaient leur maître et le prince des Asturies poussait vigoureusement la révolution à la tête de laquelle il se mit bientôt.

Telle était cependant la position désastreuse du plus brave, du plus confiant et du plus loyal des rois. Dans un pays ami et allié, les troupes françaises ne trouvant point d'obstacles, s'approchaient rapidement de la capitale du royaume. Plus l'ennemi s'avançait, plus l'espérance croissait dans le cœur des traitres, habiles en ce moment à cacher leur perfidie sous les déhors de la justice et de l'équité. Ils ne tardérent pas, toute fois, à découvrir leur complot. L'armée Française arrive aux portes de Madrid ; c'est le moment qu'ils prennent pour lever le masque, pour fouler aux pieds les lois de l'antique honneur ; on n'hésite plus sur le parti à prendre, un serment atroce lie les conjurés à leur chef ; on indique l'instant fatal où se consommeront les plus éxécrables projets, et le moment de la révolte est attendu avec impatience. C'était sur ce volcan prèt à éclater que le bon roi, plein de confiance sur la fidélité du prince son fils et de ses ministres, ignorant le danger qui le menaçait, se livrait à un repos paisible ; mais les conspirateurs jaloux de jouir de leurs forfaits étaient tourmentés par l'inquiétude : enfin, le 18 mars 1808, jour à jamais affreux pour l'Espagne malheureuse, l'heure de minuit eut à peine sonné, que les pas des conjurés se portèrent vers la demeure de leur prince ; bientôt ils le virent paraître, tenant à la main un flambeau allumé en signe de révolte : deux coups de canon partis de la bute d'Aranjuez confirmèrent la sédition, six régimens qui s'y trouvaient alors prirent les armes, le trouble se manifesta partout, le Souverain ne fut plus obéi et la révolution éclata.

Une fois le masque levé, l'autorité royale fut méconnue, les liens les plus sacrés furent brisés, le serment de fidélité violé, les intérêts et les passions seuls écoutés, et on ne rougit plus de se constituer en état d'agression. Des sommes prodiguées au peuple et aux militaires, excitérent en eux une cruelle animosité : la capitale fut livrée au pillage et menacée d'une ruine totale ; la débauche et la licence augmentèrent le délire et enfin l'anarchie se vit à son comble. Mais ô grand Dieu ! trahi des siens et par eux insulté, quel sort devait attendre l'infortuné Roi..... On avait fait accroire dans le commencement que cette *émeute populaire* n'avait d'autre but que celui de déposer le prince de la Paix, auquel, dit-on, la nation en voulait furieusement ; ce ministre s'était caché ; mais on le cherche, on le trouve, on l'accable de reproches, et enfin, remis entre les mains du peuple, il est entrainé et, assailli de toutes parts, il faillit de perdre la vie (1).

Malgré cette effervescence, on s'attendait à voir bientôt renaître le calme et la tranquillité comme dans le principe on l'avait fait espérer, mais combien l'on se berçait follement sur de telles illusions ! L'attitude hostile que les troupes conservaient n'indiquait que trop le vrai but de cette conspiration : on ne voulait pas se borner à une vengeance basse et

(1) Dans cette occasion le prince de la Paix reçut trente-deux blessures dont quelques-unes très-dangereuses.

stérile envers la personne du prince de la Paix ; c'était à la souveraineté même que l'on visait ; pour cela il fallait précipiter le Roi du haut de son trône, chasser son premier ministre et obtenir par la force ce que l'ordre naturel des choses n'aurait point permis. Les menaces furent employées ; on cherche à intimider le Roi alors infirme qui, pour sauver ses jours, est forcé d'abdiquer la couronne d'Espagne en faveur de son fils, au préjudice de la Majesté de sa personne et des lois fondamentales de la royauté. On s'empresse de répandre la nouvelle de l'abdication, on court de tout côté en la publiant. Dès lors les troupes rentrent dans leurs quartiers, le tumulte se dissipe et chacun se livre aux plaisirs amers que donne la jouissance du crime.

Sans sortir de mon sujet ni chercher à établir des questions embarrassantes, qu'on m'en permette cependant une qui se présente d'elle-même : S'il est vrai que du respect que l'on porte à la personne sacrée des rois, résulte en partie le bonheur des peuples et la paix du monde, est-il possible de considérer jamais la violation de ce respect autrement que comme un véritable attentat contre la loi universelle, contre la sûreté publique, contre les plus chers intérêts des nations? Non sans doute?.... Or, ce principe salutaire devant servir de base constante à mon argument, en amènera nécessairement d'autres dont les résultats une fois connus pourront devenir de la plus haute importance. Que les Souverains de la terre daignent, pour un moment, entrer dans cette noble discussion et, pénétrés du sentiment de justice et de vérité, descendre jusqu'à la portée d'une voix faible mais véridique.

Monarques augustes, les faits racontés jusqu'ici, bien justifiés, ne suffiraient-ils pas déjà pour produire la conviction la plus absolue sur les circonstances accessoires qui ont aggravé le crime des rébelles dont les malheurs de S. M. Charles IV. ont été l'ouvrage? N'est-il pas assez prouvé par tout ce qui a été dit, que le prince de Asturies chassa son père du trône pour s'y placer lui-même; sans le consentement des *Cortez*, mais seulement par l'effet d'une rébellion partielle appuyée de quelques partisans ambitieux ?

Si de nouvelles preuves sont encore nécessaires pour donner une plus grande clarté à cette illustre cause, alors, équitables princes, votre haute sagesse ne manquera pas de les découvrir dans les faits que doit exposer le reste de mon récit.

Lorsque le prince des Asturies s'empara du sceptre de l'Espagne, il imagina d'abord de signaler son avènement au trône par quelques actes de vengeance et de cruauté, plan qu'il ne put exécuter et pour lequel l'arrivée précipitée du Murat fut un obstacle. Après avoir largement récompensé ses favoris, le nouveau roi courut à Madrid pour complimenter le général français et jouir à son tour des honneurs du triomphe. Le *prado* fut alors le théâtre de ses succès brillans, il se montra souvent en public pour gagner l'esprit du peuple qu'il avait soin de ménager. Mais quelle fut sa surprise lorsqu'entrant dans son palais, le roi ne vit point le duc de Berg venir audevant de sa personne lui présenter sa soumission, quoique ce dernier fut logé avec son état-major dans les appartemens du Roi? Cette circonstance ne manqua pas d'inquiéter son esprit naturellement ombrageux; mais ses soupçons devinrent bien plus insupportables, lorsque deux jours se passèrent sans que les nouveaux arrivés vinssent complimenter le chef de la nation, chez lequel ils s'étaient établis, fortifiés, et vivaient très-commodément. Le troisième jour enfin, le prince ne pouvant plus dissimuler son impatience, prit le parti de faire le premier pas, et, plutot sous les apparences d'un vassal de Murat que comme souverain des Espagnes, il entra dans l'appartement du premier qui, d'un air affable et poli, reçût S. M. en qualité de prince des Asturies sans jamais lui donner d'autre titre que celui d'Altesse royale. Ferdinand était irritè, mais telle était sa position, qu'il ne pouvait faire éclater son ressentiment contre l'étranger audacieux, dont cent cinquante mille hommes de troupes aguerries, bien montées et bien équipées, soutenaient l'insolence. Notre but principal étant de faire connaître les malheurs de l'infortuné Roi Charles IV, nous ne nous engagerons dans l'histoire de son fils, qu'autant qu'elle aura des rapports directs avec celle de son père, nous promettant d'ailleurs de publier à part l'histoire de Ferdinand VII.

Pendant que les affaires de l'état prenaient une tournure tellement équivoque, que Murat refusait le titre de Majesté au nouveau Roi qu'il ne voulait point reconnaître, le Roi légitime de l'Espagne (Charles IV.) consigné dans le château d'Aranjuez, separé du reste du monde, dans les souffrances les plus aiguës, était tourmenté par de mortelles Angoisses, que des gens affidés de son fils lui faisaient endurer. Ce fut dans ce moment que, par le plus grand des bonheurs, je parvins, non sans difficulté, à m'introduire dans les appartemens du Roi alors mon maître. Mon entrée imprévue étonna S. M. qui, d'un ton plein de sensibilité, me dit : « A...... quelle raison peut t'obliger à braver

» le danger et à venir dans ces lieux de proscription
» voir un Roi trahi par son fils et abandonné de ses
» sujets? Eloigne-toi d'ici ; car si mon fils ingrat par-
» venait à connaître la témérité de tes demarches,
» il ne manquerait pas de t'immoler à sa vengeance. »
Sire, lui répondis-je, le sentiment de la crainte m'est inconnu ; j'ai juré fidélité à V. M. il n'y aurait que la mort qui pourrait mettre fin à mes devoirs.

Le Roi après m'avoir entendu me-dit les choses les plus obligeantes, qui, en toute autre occassion, auraient paru même extraordinaires, et commença ainsi. « Il repondra, devant l'Eternel de tous
» les maux dont il se rend coupable, et qui doivent
» indispensablement accabler cette malheureuse Es-
» pagne. Croit-il ce prince mal conseillé et livré à
» l'impétuosité de ses abominables passions, que son
» orgueil et sa désobéissance resteront impunis sur
» la terre ? Croit-il pousser son impiété jusqu'au point
» d'abréger, par les souffrances et le chagrin, l'exis-
» tence de l'auteur de ses jours ?

» Oh ? qu'il s'abuse! oui il s'abuse, il a creusé un
» affrenx abîme à sa famille infortunée où, sans misé-
» ricorde, il se verra engloutir lui-même. Au point
» où en étaient les choses, suivre mes conseils était
» le seul moyen de sauver la nation de la ruine qui
» la menace ; je voulais me retirer vers les ports de
» mer de l'Andalusie, prendre la défensive contre
» un allié sur la foi duquel je ne dois plus compter ;
» profiter des avantages locaux, et enfin dans la der-
» nière extrêmité me faire transporter dans les co-
» lonies ; c'était mon plan ; il s'y est opposé avec au-
» dace, il s'en repentira, mais il ne sera plus tems.
» Ce n'est point le trône d'Espagne, continue le Roi,

» ce trône dont mon fils ingrat ne jouira pas long-
» temps en paix, et dont le fardeau immense pesait
déjà sur mes vieux jours, que je regrette dans ce mo-
» ment; mais, il me peine sur-tout, de voir égarer une
» nation que je chéris et que je tachais de rendre heu-
» reuse, de la voir en but aux divers partis qui la
» déchirent, et enfin devenir la proie de l'ambition
» et de la perfidie. » A ces tristes refléxions l'affligé
roi ajoute encore : « Ce ministre sur lequel ôn fait
» éclater la vengeance la plus barbare, ce serviteur de
» la fidélité duquel j'ai des preuves non équivoques,
» enfin cet ami du peuple pour le bien duquel il était
» infatigable, se voit aujourd'hui exposé au sort le plus
» cruel, sans que je puisse l'arracher à cette affreuse
» situation; un an n'est pas encore écoulé depuis que
» Manuel (le prince de la Paix) m'a prédit les événe-
» mens qui devaient lui arriver; alors, avec les accens
» de la persuasion, il insista pour obtenir de moi sa
» démission, que je lui ai constamment refusée; mais
» que je suis tourmenté par le répentir!

» L'auteur de toutes mes souffrances pour lequel ma
» présence doit être un reproche continuel, paraît
» vouloir m'éloigner du théâtre de ses crimes; Bada-
» jos, dit-on, a éte désignée pour ma résidence, c'est
» une ville dépeuplée et malsaine, c'est une action
» despotique, qu'il exerce envers ses parens, les for-
» çant à un exil involontaire, en violation de toutes
» les lois divines et humaines. Une seule consolation
» m'accompagnera dans ma solitude, j'aurai occasion
» de contempler la bravoure et la fidélité de ce peu-
» ple voisin; il est soumis et aime son Roi; l'histoire
» de la monarchie portugaise est la seule qui n'offre
» aucun de ces traits horribles qui déshonorent le genre

» humain. » Livré à ces réflexions S. M. allait poursuivre quand le son des trompettes étrangères lui annonça l'arrivée des français, c'était la division du général Dupont qui faisait son entrée à Aranjuez. Que Dieu soit loué! s'ecrira le Roi prisonnier, cet ennemi » est moins redoutable que ceux dont je suis entouré. » Il est ambititeux de gloire, mais il est humain et » comptissant; mes malheurs le toucheront et, géné- » reux, il défendra mon innocence. »

Arrivés à Aranjuez, les généraux français demandèrent à être admis à une audience de S. M. ce qu'ils obtinrent sans difficulté.

Les marques de respect et de considération que, dans cette circonstance, ces généreux guerriers donnèrent au souverain détroné, étaient vraiment dignes des vainqueurs de l'Europe et contribuèrent en quelque sorte à adoucir l'amertume de la douleur qui accablait l'infortuné Roi. S. M. les reçut avec bonté, leur raconta ses malheurs et profita de ce moment pour faire en leur présence une protestation contre son abdication forcée. Dès lors le Roi quitta Aranjuez pour se rendre à l'Escurial où il trouva la division du général Mouton forte de quinze mille hommes. A son arrivée le Roi reçut de la part de ces troupes étrangères les honneurs qui lui étaient dûs, tandis que Murat, à Madrid, ne voulait reconnaître Ferdinand que comme prince des Asturies. La brigade du général français, campée alors dans les parcs immenses de l'Escurial, conservait cette position sous prétexte de faire les fonctions de gardes-du-corps, prête à agir, à ce qu'elle disait, en faveur de S. M. contre toute atteinte quelconque qu'on auroit voulu porter à sa personne. Cependant le prince de la paix était encore renfermé dans la château de

Villa-Viciosa, entouré de gardes qui devaient le mettre à mort si quelque parti eût essayé de le délivrer. Il était donc pressant de le sauver de cet état d'afliction. On mit la plus grande activité à négocier sa délivrance, et Murat, par un intérêt particulier qu'il portait à sa personne, obligea Ferdinand de lui remettre, à lui duc de Berg, le prince captif, ce qui fut fait sans difficulté, et de suite celui-ci, bien escorté, fut couduit en France.

Ayant ainsi sauvé son serviteur, S. M. pénétrée des devoirs de sa haute destinée imagina tous les moyens possibles qui pourraient lui rendre sa liberté et le mettre à même de venir au secours de sa nation prête à subir le joug étranger. Mais hélas! il n'était plus tems de réparer les maux que son fils avait attirés sur cette belle Espagne (1). En vain S. M. épuisait toutes les ressources de son esprit pour mettre à exécution le projet hardi de gagner un port de mer et de passer de là en Amérique; ses infirmités ainsi que la vigilance des français firent échouer ce plan. Plus résigné que jamais à supporter la riguer de ses infortunes Charles IV. souffrait le poids de ses malheurs avec une constance vraiment digne d'un Roi, et soutenù par les idées pieuses qui répandent la consolation dans l'ame de l'homme religieux, rien ne pouvait altérer le calme de son esprit. Son arrêt lui fut signifié, il l'entendit avec fermeté et s'y conforma sans hésiter.

Une forte escorte l'accompagna sous les ordres d'un général français qui était chargé de cette conduite. A son arrivée à Burgos, les autorités de cette capitale ainsi que les gardes d'honneur vinrent audevant de la famille royale qui passa la nuit dans cette ville et la quitta le len-

(1) Voyez à cet égard les mémoires de M. De Prad.

demain pourcontinuer son voyage. Rien d'extraordinaire n'eut lieu jusqu'à l'arrivée du Roi à Toulouse en Biscaye. S. M. se reposa dans cette dernière ville; mais peu s'en fallut qu'elle n'y fut arrêtée par un détachement de ses propres gardes du corps qui se rendait à Madrid et dont la supériorité des troupes françaises put seule empêcher les excés. Le lendemain, 21 avril 1808, S. M. passa le Vidassoa et entra en France au bruit de l'artillerie. Napoléon vint au devant de ce Monarque qu'il reçut avec les démonstrations les plus amicales, et il l'accompagna jusqu'à Bayonne et delà au palais dit du gouvernement qui, était disposé pour le recevoir.

Le prince des Asturies et son frère l'infant don Carlos se trouvaient déjà à Bayonne lorsque leur Auguste père y arriva accompagné de la reine son épouse de l'infant don Francisco de Paulla Antonio et de la jeune duchesse d'Alcudia fille du prince de la Paix. Toutes ces victimes étant au pouvoir du plus ambitieux des hommes, il ne lui restait plus qu'à donner une couleur de légitimité au plus infâme des attentats que ce dispensateur des couronnes eût commis jusqu'alors.

Buonaparte, qne la réussite de son plan énivrait de joie, se trouvait cependant embarrassé sur le choix des moyens les plus propres à dissimuler sa rapacité en même temps qu'ils en assureraient le triomphe. Il ne trouva rien de mieux à faire que de susciter de nouvelles querelles entre les princes d'Espagne et leurs augustes parens, et bientôt, mettant à profit cette discorde qu'il avait excitée lui-même, il reprocha à Ferdinand sa révolte contre le roi son père, lui fit des menaces et le força, en définitif, de renoncer à tous ses droits à la couronne d'Espagne, le rendant au surplus responsable de tous les échecs que les troupes françaises pourraient éprouver dans ce pays.

Par cet acte de rénonciation de la part de son fils, S. M. Charles IV. se vit de nouveau en possession de sa couronne; mais, ô décevante espérance! elle devait encore, cette couronne, elle devait lui échapper des mains, et Dieu sait jusqu'à quelle époque! Bonaparte ne tarda pas à entrer en pour parler avec le Roi Charles; il n'oublia rien de tout ce qui pouvait effrayer ce Monarque sur son retour dans son pays: il lui offrit une retraite en France, lui en laissa le choix, lui donna le palais de Compiègne et lui promit trente millions de réaux (sept millions cinq cent mille francs); il promit également de conserver aux personnes attachées à la cour de S. M. et qui l'avaient suivi en France, le rang et le traitement dont elles jouissaient en Espagne: enfin S. M. devait commander en Souverain dans sa propre maison. Tels furent les engagemens que contracta Bonaparte et qu'il ne remplit jamais.

Déplorant le sort misérable de son infortunée patrie, mais réduit à l'impossibilité d'y rentrer, Charles IV. céda à la violence de son propre destin et voulut essayer de chercher dans l'obscurité de sa retraite ce calme d'esprit si peu connu des Souverains. En quit-Bayonne il tourna vers l'Espagne ses regards pleins de regrets et, les yeux en larmes, il la salua de loin, adressant au ciel des vœux pour son bonheur.

Après un court séjour à Fontainebleau, S. M. se rendit à Compiègne où elle passa la belle saison, mais ce climat lui étant contraire, le roi choisit Marseille pour le lieu de sa résidence.

Arrivée en provence, S. M. retrouva une température plus analogue à celle de l'Espagne, et sa santé s'améliora tellement qu'en peu de tems le Roi put reprendre ses éxercices habituels. Son entrée fit beaucoup de sensation dans la ville de Marseille ; les habitans, en cette circonstance, firent bien voir ce caractère curieux et compatissant qui distingue les français. La foule se pressait sur le passage de l'illustre famille que l'infortune amenait-là. Des acclamations de *vive le Roi d'Espagne! vive Charles IV!* remplissaient les airs, et les larmes d'attendrissement qui coulaient à l'aspect du Monarque étaient un honorable tribut que la sensibilité payait au malheur. Tout le monde voulait voir le Roi détrôné et tous gémissaient sur son triste sort.

Mais tant de généreux sentimens ne tardèrent pas à être convertis en crime aux yeux de celui qui les regardait comme une insulte faite à sa propre personne. Plein de courroux, du haut de son trône il agita ses foudres et menaça de sa vengeance quiconque laisserait éclater son intérêt pour l'infortuné Roi. Il fut défendu de saluer S. M. dans les momens de ses promenades ; des gardes furent placées dans les coins des rues qu'il devait parcourir, et plusieurs fois des coups de plat-de-sabre annoncèrent à la multitude indignée les volontés du despote. Mais le tyran qui ne règne que par la force peut-il compter sur l'obéissance d'un peuple qu'il avilit en prétendant le rendre esclave de ses caprices et le contraindre de fouler aux pieds tous les principes de justice et d'honneur? Des ames basses et craintives peuvent seules se soumettre à ses volontés. Cette vérité se prouvait bien dans les circonstances dont il est question. Les agens du despotisme se montraient-ils? les cœurs les plus sensibles s'imposaient la dure tâche de paraître muets; mais s'éloignaient-ils ces agens redoutables? comme on se dedommageait alors de la plus injuste contrainte par l'expansion subite des sentimens les plus affectueux! Il est vraiment impossible de peindre avec éxactitude tout l'intérêt que les habitans de Marseille prenaient au sort du monarque malheureux.

L'histoire aurait droit de rèclamer de moi le récit exact de toutes les circonstances du séjour de Charles IV. à Marseille; mais qu'on me permette de sacrifier, comme je le dois, quelque chose à la discrétion et aux convenances. Ma narration n'en restera pas moins sans lacune sensible, et rien d'essentiel n'y sera oublié.

Pendant quelque tems tout alla bien; mais lorsqu'il fut question de toucher au trésor de France et qu'on demanda le versement des sommes convenues dont le terme était dès longtems expiré, ce fut alors que l'on s'apperçut de la mauvaise foi qui régnait parmi les affidés de Napoléon; au reste, telles étaient leurs instructions qu'ils ne pouvaient pas s'en écarter sans risque d'encourir le courroux de leur terrible maître. Le roi commença à manquer du nécessaire et son hôte impérial ne rougit point de marchander avec sa victime sur une partie des richesses qu'il lui avait ravies. De vives réclamations de la part du roi, des réponses lentes et évasives de la part du gouvernement français occupèrent longtemps les deux cours: enfin le roi, réduit aux plus grandes privations, se vit contraint à se priver d'un grand nombre de serviteurs fidèles, à vendre ses chevaux et à user, pour éxister, d'autres moyens qui, même chez le plus simple particulier, prouveraient la plus extrême détresse. Cependant, environné ainsi des circonstances les plus extraordinaires, S. M. ne cessa pas un moment de montrer une constance et une fermeté vraiment dignes d'un héros : jamais la moindre apparence d'aucun mécontentement de sa part ; point de plainte, point de murmure. Voulait-on le consoler sur ses infortunes, il recevait avec douceur les observations qu'on lui faisait, et sa réponse était constamment : « Dieu l'a voulu » ainsi ; il n'appartient à aucun roi de la terre de » s'opposer à ses divines volontés. »

Prisonnier en France, le Roi oubliait ses propres souffrances pour s'apitoyer sur les maux de sa patrie ; apprenait-il quelque nouvelle contraire à l'Espagne, son cœur paternel en était affligé. Soutenu par les principes de notre religion, Charles IV. ne fondait ses espérances que sur ce pouvoir invisible de la providence qui pourvoie à tout et règle nos actions. Ses amis le conjuraient de se soustraire à la tyrannie de son perfide allié, lui faisant voir l'énormité de son agression ; mais infléxible à leurs prières même, ce digne et respectable monarque leur répondait : » un roi magnanime ne doit pas chercher à recouvrer par la » ruse ce qui lui a été ravi par la force. »

Cependant on travaillait toujours à son insu pour le rendre à la liberté. Un de ses plus fidèles serviteurs lui témoigna son zèle par un acte de dévoûment peu commun. Laissant ignorer son plan au Roi, mais voulant l'arracher à son sort, à quelque prix que ce fût, à la faveur d'une nuit orageuse, se jetant dans un canot, il gagna le large. Ce ne fut pas sans peine qu'après une navigation laborieuse, il aborda une frégate anglaise alors en croisière devant le port de Marseille ;

le commandant l'accueillit à son bord qu'il quitta après une assez longue conférence (1).

Il s'agissait d'enlever le Roi d'Espagne par un coup de main, que l'on demandait au cabinet britannique d'appuyer ; S. M. sans s'y attendre aurait été rendue à sa nation ou en Amérique, comme elle l'eût alors jugé à propos. Mais il en arriva autrement ; soit que le cabinet anglais dans cette expédition n'eut pas trouvé son avantage, ou soit que le capitaine de frégate ait été, par quelque raison, empêché de rendre compte à son ministère de la mission dont il s'était chargé, aucune réponse ne fut faite.

Pendant ces entrefaites quelques différens s'étant élevés parmi les courtisans de l'ancien Roi, la police française en profita pour éloigner du service de S. M. des personnes qui lui étaient devenues suspectes ; les uns furent envoyés en Espagne et d'autres moins heureux, dans le centre de la France et traités comme prisonniers d'état (2) ; tel a été toujours le sort de ceux qui se sont dévoués au service d'un souverain détrôné, et que leur fidélité attache aux infortunes de leur maître. S. M. après avoir fait un long séjour en France prit la résolution de passer en Italie ; la beauté de ce pays contribua en quelque sorte à rendre sa condition moins pénible et à améliorer la santé de ce monarque altérée par ses immenses chagrins. Enfin, S. M. s'étant décidée à fixer définitivement sa résidence à Rome où elle se trouve encore,

(1) Ce fut le 11 octobre 1810, à une heure après minuit que cette entrevue eut lieu,

La même frégate, pendant la nuit, s'engagea dans une canonnade terrible avec le château d'If, ce qui allarma beaucoup les habitans de Marseille.

(2 Je fus de ce nombre, Besançon me fut assignée pour ma residence et pour y demeurer sous la surveillance de la haute police.

descendit au palais Borghèse qu'elle habita d'abord, jusqu'à l'époque où le Palazzo Barberine fut prêt à la recevoir. Si, dans le cours de ce récit, il s'est trouvé des situations dignes de quelque intérêt et propres à faire plaindre du fond du cœur les infortunes de Charles IV. ; quelque soit le prix qu'on attache à tout ce qui a été dit à cet égard, rien n'égale l'intérêt que l'on trouvera dans les détails qui vont suivre et qui prouveront plus que jamais la grandeur d'âme de ce Roi, son respect pour la divinité et ses vertus sublimes. Personne n'ignore l'enthousiasme avec lequel la nation espagnole a embrassé les principes libéraux que lui dicta la constitution de ses cortes, et combien cette nation a été sensible à la violation de ses droits, que dès lors elle regarda comme la perte de sa liberté.

Ferdinand VII. à son retour de France (1) avait pro-

(1) S. M. rentra dans ses états et y trouva ses peuples animés du meilleur esprit ; les larmes d'allegresse versées aux pieds de ce prince devaient lui prouver l'empire qu'il pouvait avoir sur le cœur de ses sujets. . . . Les pères de la patrie, ces héros qui au prix de leur sang avaient sauvé l'Espagne et fidèlement défendu la couronne de leur souverain, vinrent au devant de lui, et il les accueillit favorablement ; ces braves et loyaux défenseurs à qui tout présageait le plus heureux avenir, suivirent avec enthousiasme leur prince chéri et marchèrent à ses côtés, jusqu'à sa rentrée dans la capitale du royaume. Le respect, la joie, l'affection animoient un peuple idolâtre de son souverain, en lui témoignant les regrets que son absence avoit fait naître ; et dans cette consolante ivresse il s'abandonna sans réserve à tous les épanchemens du cœur. Espoir trop flateur ! bientôt un orage terrible fit éclater ses foudres sur la tête des plus fidèles soutiens du trône, qui longtems avaient existé dans les fluctuations de l'espérance et de la crainte, et pour prix de leur inappréciable dévouement ils devinrent l'objet des attentats de l'intrigue et des plus cruels soupçons : alors la défiance s'empara de tous les esprits, chacun chercha sa sûreté personnelle et ne la trouva plus que dans les moyens d'expatriation ; les colonies d'Espagne ainsi que les nations hospitalières furent un refuge contre le glaive déjà levé sur ces têtes infortunées.

Le récit de leurs plaintes, la profonde amertume de leurs chagrins, l'abandon de leur patrie, tout excita dans l'âme de leurs compatriotes hospitaliers le sentiment de la vengeance et bientôt la guerre civile éclata dans le nouveau monde.

mis de maintenir cette constitution. Qui donc se serait permis de croire que le premier de ses actes de souveraineté serait de l'abolir, et le second de persécuter, dans les auteurs de ce pacte social, les plus intrépides défenseurs sur lesquels il ait jamais dû compter? Cependant ce fut par le résultat de cette transgression des lois protectrices que, transformé en victime, chacun des plus chauds protecteurs du trône et de l'indépendance des Espagnes, fut, pour prix de son zèle et de son courage, condamné à s'expatrier et à chercher un asile au sein des nations hospitalières. Une émigration si considérable priva la mère patrie d'un grand nombre de gens de mérite qui, portant au loin leur douleur et leur ressentiment, ne cessèrent de travailler à paraliser tous les efforts que faisait le gouvernement pour leur nuire et qui, forts de la justice de leur cause, n'épargnèrent rien pour faire pencher la balance de leur côté.

Il ne s'agissait que de trouver un puissant appui pour décider la nation à agir librement, selon l'impulsion qu'elle recevrait d'une force motrice invincible (celle de la raison) qui est actuellement comprimée en Espagne, mais dont l'explosion ne sera que plus forte lorsqu'elle aura lieu. On tourna ses vues sur le souverain de fait qui est Charles IV. et l'on délibéra d'aller lui offrir la couronne qui lui appartient, et de le prier de revenir dans son pays pour reprendre les rênes du gouvernement. Tout bien combiné et de l'aveu des

---

Je ne me permettrai aucune observation sur les droits dont ces peuples peuvent appuyer leurs prétentions et moins encore sur ceux que le souverain fait allèguer dans une note publiée recemment; mais il serait à désirer que les hautes puissances daignassent prendre en considération, et l'orgine de cette guerre, et les raisons qui la prolongent, et accorder leurs soins protecteurs aux sujets que l'amnistie concerne.

principales personnes de l'Espagne, l'on fit le voyage de Rome et l'on se présenta à Charles IV. pour lui faire, au nom de son peuple, les propositions convenues. Mais quel ne fut pas l'étonnement des solliciteurs, quand ils virent le Roi inflexible malgré leurs prières et les plus touchantes promesses! Un de ses anciens et fidèles serviteurs, ne manqua point de faire remarquer à S. M. les avantages qui résulteraient et pour elle-même et pour l'Espagne, de son adhésion aux vœux ardens qu'on lui manifestait : » Je m'oblige, lui dit le serviteur dont » il s'agit, je m'oblige en cette occasion, à tout dis- » poser avec le plus profond secret et la plus grande » activité; toutes les mesures sont déjà prises; il ne » manque que l'assentiment de V. M. daignez donc » consentir; donnez vos ordres et vous serez obéi. » On prie le souverain, on le conjure au nom de ce qu'il y a de plus sacré, mais inébranlable dans ses résolutions le Roi, après avoir entendu et prières et propositions, répondit, d'un ton noble et doux : » Oui, » j'aime beaucoup ma nation; je voudrais y retourner » pour y vivre et finir mes jours parmi mes sujets » bien aimés; mais comment pourrais-je me décider » à remonter sur un trône que je souillerais du sang » de mes peuples chéris? Je suis père et je sais pardon- » ner; la voix de la nature parle dans mon cœur; » la vengeance est indigne de moi; ma présen- » ce allumerait infailliblement une guerre civile en » Espagne; je me rendrais responsable de tous » les maux qui en résulteraient; à peine ce pays com » mence à sortir de ses cendres, que j'y ferais couler » des fleuves de sang, en apportant le fer, le feu, » et la désolation : non, la soif de gouverner ne me » tourmente point; sans ambition, je vis heureux

» dans ma retraite; je cherche à me rendre la divi-
» nité propice, et ma seule consolation consiste
» à jouir, au sein de la paix, du souvenir
» de quelque bien que j'ai pu procurer à mes sujets, et
» du mal que j'ai évité toujours de leur faire: retour-
» nez, continua-t-il, dans vos foyers, et emportez avec
» vous ma reconnaissance distinguée. Votre dernière
» preuve de fidélité m'est très-agréable, et je fais
» des souhaits pour que Dieu vous récompense de tous les
» services que vous avez rendus à un Roi malheureux.»

Tant de nobles sentimens qui attestent une grandeur d'âme et une fermeté de caractère extraordinaire, imposèrent un profond silence aux députés espagnols, qui, devenus l'organe des volontés de leurs compatriotes opprimés, s'étaient vainement bercés de la douce espérance de ramener leur Roi en Espagne pour le replacer sur un trône d'où la force l'avait injustement arraché. Saisis d'admiration ils quittèrent leur souverain l'amertume dans l'âme et cependant pleins de la satisfaction et du plaisir que devait naturellement leur causer le bonheur qu'ils avaient eu de voir et d'approcher ce digne monarque, respectable par ses malheurs et plus respectable encore par ses vertus.

Comme je n'ai écrit ni par esprit de parti ni par aucun ressentiment particulier contre Ferdinand VII. mais uniquement dans la vue de fournir à l'histoire des *faits vrais* dont il importe à la morale des générations futures qu'elle conserve les souvenirs; je laisse à la pénétration du lecteur de reconnaître dans tous les traits de cet écrit, la fidelité d'un serviteur qui a voulu défendre la cause du Roi son maître, sans avoir pour cela manqué, ni aux convenances ni au respect qu'il doit au souverain actuel de l'Espagne.

www.ingramcontent.com/pod-product-compliance
Ingram Content Group UK Ltd.
Pitfield, Milton Keynes, MK11 3LW, UK
UKHW021117290826
14628UKWH00014B/2606

9 782013 245715